Espejos de las fugaces

Primera edición: julio, 2010

Madrid - México
c/ Alcalá 85, 7ª izda. Madrid 28009
Gruta Azul 147, Col. Valle de San Ángel
San Pedro Garza García, N.L. 66290
vasoroto@vasoroto.com
www.vasorotoediciones.blogspot.com

Diseño de colección: Josep Bagà
Dibujo de portada: Víctor Ramírez
Al cuidado de la edición: Jeannette L. Clariond
y Martín López-Vega

Impreso en Barcelona
Imprenta: Gràfiques Pacífic
ISBN: 978-84-938087-3-0
Dep. Legal: B-27135-2010

Joumana Haddad

Espejos de las fugaces

Traducción de Héctor F. Vizcarra

Vaso Roto / Ediciones

Un relámpago… luego la noche. Di, fugaz belleza
Cuya mirada en un instante me ha hecho renacer,
¿Acaso no volveré a verte más que en la eternidad?
BAUDELAIRE, «A una transeúnte»

Advertencia

Una de dos: o huyes de tu muerte o la domas.
Este libro sólo puede ser leído mientras se lo doma.

Comienzo primero

(
Sexo
Es
La muerte,
Sí,
Afirma
La vena
Tendida
Entre los muslos
Que
Palpita
Cada vez que
Pienso
En la muerte
Exactamente
Como
Palpita
Cada vez que
Pienso
En
El
Sexo
)

Comienzo segundo

Al feto que fui alguna vez

La vida comienza aquí. Aquí se acaba. Da igual que estés en el útero o bajo tierra: harás tu camino y el camino habrá de seguirte. Tu llave se ha extraviado en la noche. Está perdida desde mucho antes de tenerla en tu mano. Te llamará sin encontrarte, sin que tú la encuentres.

En la oscuridad harás tu camino. En la oscuridad el camino habrá de seguirte. Cada vez que tiendas la mano tocarás el cuerno del diablo. Su cuerno rígido sobre tu frente será la prueba de tu belleza. Sabrás que hay un cielo en cada pájaro, y que en cada mancha de sangre hay un humano que tiene un rostro, un nombre y múltiples destinos. Las explicaciones, como las fronteras, no son más que humo. Tus hermanos inventaron todo eso para engañarse, para engañarte.

> *(Te maldigo, Mundo. Maldigo tus alaridos sofocantes. Maldigo tus feroces hierbas sobre mi piel. Maldigo esa tos que me desgarra la garganta y revuelve tu sangre en mi saliva. Maldigo tus azulejos destrozados que rechinan bajo los pasos. No estoy hecha para ti, Mundo. Ni para tus vejaciones, tus trampas, tus falsedades. Soy una cosa descompuesta. Mis accesorios no están completos y soy de una mala marca: una radio que chilla. Una tubería con fugas. Una lámpara que alumbra a medias. Una silla con tres patas. Una alcancía sin orificio. Un cielorraso que gotea en una casa nueva. La estatua polvorienta de un santo en lo alto de una biblioteca. Un puñado de células muertas que se desprenden de tu antigua piel y se alzan en el aire en forma de mujer.)*

En la oscuridad harás tu camino; en la oscuridad el camino habrá de seguirte. Arrastrarás el peso de tus huesos y buscarás un agujero cuyo tamaño sea suficiente para tu crimen perfecto. Un día, olvidarás todo. Sólo guardarás de ti el silencio. Tu silencio degollado por el cuchillo de la distancia que te separa del mundo.

No hay más viaje que el interior, amarga princesa; no hay más viaje que el interior.
¿Qué eres, por cierto? ¿Quién eres?
Conejo que vuelve al sombrero
Muro a punto de venirse abajo
Sueño que olvida su nube en el umbral
Para que un visitante la pise
Con su pie pesado
Por descuido.

Todo perecerá, mi blanca amiga: la carne, el barniz de tus garras, tu cálida sonrisa bajo la sábana, la cadena al cuello que llamarás collar, la suave piel de la muñeca de tu mano, el beso que no darás para que te sea arrebatado por la fuerza, las ilusiones de felicidad sujetas a los bordes de tu vestido, los dedos de tu aflicción cuando te hagan padecer el frío, los candados que se prenderán de ti, el tiempo que no hallarás y que habrá de alejarse, tu indecisión olvidada en la orilla de la calle, tus caminos de los que no podrás huir.

(No te soy de utilidad alguna, Mundo, te lo repito
Llego tarde a tus nupcias y no alcanzo el ramo blanco
Llego tarde a tus fotos de familia donde mi sitio queda vacío en el recuadro
Tarde a tus mercados donde encuentro las tiendas cerradas y las callejuelas desiertas
Tarde a tus películas, cuando ya el héroe le ha partido la cabeza a la heroína

Tarde, y yo pregunto: ¿Dónde se han ido todos?
Tarde, y yo respondo: debo de estar en este sitio por error…
¡Desgraciada de mí! ¡Desgraciada de mí!)

Sí, todo perecerá: tus sueños escarpados. Tu infancia que habrás de detestar. Los utensilios de cobre en la alacena de la cocina. Tus negras ideas dobladas bajo la almohada de la risa. La taza quebrada y molesta por tu compasión hacia ella. La hora hueca que te mira de arriba abajo y que jamás sentirá por ti cariño alguno.

Yacer no te serviría de nada, no más que ser graciosa. Hablarás sin ser comprendida, te maquillarás sin que ningún posible amante te observe como deseas ser mirada. Sus ojos en los tuyos: dos espejos destrozados.
La muerte llegará pronto, mi linda princesa: te olfateará y te lamerá. Devorará tus labios. En la boca tendrás su lengua calcinada, y las marcas de sus garras en tu espalda. Robará tu ropa interior y se contentará con una calceta. Su pus escurrirá. Su pus escurrirá de los ojos.
No hay más mundo que el interior; no hay más mundo que el interior. Te creerás muerta. Te creerás viva. En ambos casos será de ti de quien se burlen.

(No tienes nada que hacer conmigo, Mundo.
No tengo virtud alguna que puedas convertir en vicio, ni casa que demoler, ni probidad que corromper. Soy una foto borrosa, en vano tiemblan tus manos. Soy una lisiada de dibujos animados, crees vano mi desangramiento. Vuélvete, casa sellada, y busca a cualquier otra como presa. A mí déjame en paz, y no juegues al guía:
El camino
Del infierno
Yo misma
Lo conozco.)

La vida comienza aquí. Aquí se acaba. Da lo mismo que estés en el útero o bajo tierra. Todo se repite, amarga princesa: sobre todo tu amargura.
Y que Galileo no te engañe. En este matadero, todo, en este matadero, permanece en su lugar:
Puedes
Venir / partir
Tranquila.

El canto de la mujer-sabia

(Como una caja de música, se abre el útero, y la voz del feto aumenta in crescendo)

La vida no es suficiente
Para que yo diga: he vivido.
Para vivir en realidad
Habré de morir primero.
Sí, habré de morir un día
Para que mi vida se complete en mí.
¿Qué otra cosa es la vida
Sino una muerte partiéndose de risa en un espejo?
No echen al agua sus barcas, mujeres,
Ni vistan el blanco de las bodas:
No vengo al mundo para nacer
He venido apenas para morir.

I. ESPEJOS

Los espejos son las puertas por las que la muerte va y viene.
Jean Cocteau

1

Por mi parte, entro en el espejo hasta su núcleo.

2

Hasta su núcleo, entro en el espejo.
Allá, en el útero del cual salí, aprendo el juego de mi muerte:

> Cerrar los ojos. Asfixiarme como mirada detrás de una ventana. Agonizar. Intentar huir. No poder escapar. Detener los latidos de mi corazón. Exhalar el último aliento. Dar mi alma. Evaporarme. Darme cuenta (con mi familia y mis allegados) de mi muerte. Llorar por mi suerte al lado de mi familia y de mis allegados. Con ellos, observar mi cadáver. Orar sobre mi cadáver junto a ellos. Entusiasmarme. Invocar. Gemir en voz alta: «¿A quién le dejas tu familia, oh mujer? ¿A quién le dejas tus hijos y los seres queridos?».
>
> Y además:
> Lavar mi cuerpo. Perfumarlo y tatuarlo con henna. Llevar mi vestido de bodas / mi vestido de muerta. Encender una vela junto a mi cabeza. Jugar con la vela como con una niña. Velarme a mí misma. Fluir hacia mi casa para decirme adiós. Envolverme al día siguiente con una mortaja de seda. Calentarme los pies con calcetines blancos (*por nada olviden los calcetines*). Tenderme en un ataúd de madera esculpida (*que sea de colores: siempre me gustó la madera coloreada*). Cruzar los brazos sobre mi pecho (*o tal vez no, pues así no me parezco a mí misma*). Cerrar la tapa del ataúd lentamente. Injuriar al tendero por el chirrido de la tapa. Salirme. Ir a la cocina y traer la aceitera. Lubricar los goznes de la tapa. Poner la aceitera en su lugar, en la segunda repisa del estante de arriba, a la izquierda. Tenderme otra vez y

cerrar el ataúd. Temblar un poco en lo oscuro. Acostumbrar mis ojos a la oscuridad y la oscuridad a mis ojos. Cargar el ataúd sobre mi hombro. Caminar en mi cortejo. Encender a mi paso la luz de la calle para honrar mi recuerdo. Asistir a mi funeral. Bostezar durante la ceremonia y refunfuñar porque está haciéndose larga. Llorar por mi suerte otra vez. Pedir misericordia. Encaminarme a mi tumba. Despertar la pala dormida. Cavar un agujero en el suelo. Cavar profundamente. Bajar mi ataúd con cuerdas. Arrojarle flores (*prefiero los tulipanes amarillos*). Echar tierra. Enterrarme como es debido. Llenar el agujero y nivelar el piso. Marcar mi tumba con una lápida de mármol en la que han grabado mi nombre y una frase de mi último (*¿primer?*) poema. Depositar coronas de flores sobre mi tumba (*lo repito: prefiero los tulipanes amarillos*).

Pero también:
Regresar a casa, exhausta. Consagrar tres días a las condolencias. Comer a la salud de mi alma. Tomar café negro en homenaje a mi alma. Llevar el luto treinta y tres días (*ni uno más, por favor*). Descomponerme. Ser roída por mis propios gusanos. Desaparecer. Visitar mi tumba cada mañana (*no muy temprano, me gusta quedarme en la cama*). Cantarme a mí misma por la noche, y quizá bailar para distraerme. Pasar frente a los umbrales sin ser vista. Hacer las compras sin ser vista. Estremecerme sin ser vista. Mantenerme de pie cerca del muro de las almas, en la orilla del séptimo acantilado, sin caer.
Recordar la luz, yo, la lejana,
Luego recomenzar
Así
Hasta el fin
Del espejo.

3

Así
Sin el menor esfuerzo, dice el espejo.

4

Sin esfuerzo te acorralo en mi deseo
Sin esfuerzo te alfilero como mariposa capturada
Sin esfuerzo lamo tu cuello descuartizado entre mi lengua y el
[fular
Sin esfuerzo te acecho
Sin esfuerzo como una tigresa hambrienta
Sin esfuerzo arranco tus ojos insolentes
Sin esfuerzo mastico tu corazón húmedo y salado
Sin esfuerzo lo arrojo, es el tiro ganador
Sin esfuerzo
Te arrastro hacia tu muerte.

5

Hacia tu muerte (madura) te arrastro
Hacia tu muerte segura, en la mira del fusil
No tengo prisa, dice el espejo,
No tengas miedo entonces: el muerto desconoce el miedo.

6

El muerto desconoce el miedo, dice el espejo.
El muerto desconoce el miedo, como el miedo desconoce la [muerte.
El muerto desconoce la muerte, como el miedo desconoce el [miedo.
El muerto desconoce el miedo, y el muerto no tiene miedo de [saber.
El muerto, ante todo, no tiene miedo de morir.

7

El muerto no tiene miedo de morir
Y no teme
Las garras de la muerte, los colmillos de la muerte, las pezuñas de la muerte, el pico de la muerte, las uñas de la muerte, los cuernos de la muerte, las pinzas de la muerte, la cuchilla de la muerte, la mano de la muerte, la cuerda de la muerte, la silla de la muerte, la jeringa de la muerte, la lengua de la muerte, el gatillo de la muerte, las píldoras de la muerte, las ruedas de la muerte, la bomba de la muerte, la daga de la muerte, el cañón de la muerte, la espada de la muerte, el veneno de la muerte, la electrocución de la muerte, la lanza de la muerte, el gas de la muerte, el hacha de la muerte, el látigo de la muerte
Ni
El silbido de la muerte, los lamentos de la muerte, el relincho de la muerte, el graznido de la muerte, el rugido de la muerte, el alarido de la muerte, el ladrido de la muerte, el maullido de la muerte, el arrullo de la muerte, el berrido de la muerte, el mugido de la muerte, el aullido de la muerte, el bramido de la muerte, el cantar de grillo de la muerte, la conmoción de la muerte, el gemido de la muerte, el hervor de la muerte, el suspiro de la muerte, el quejido de la muerte, el murmullo de la muerte, el grito de la muerte, el ronquido de la muerte, el rumiar de la muerte, el roznido de la muerte, el balido de la muerte, la percusión de la muerte
Ni
La mordedura de la muerte, el pellizco de la muerte, la picadura de la muerte, la asfixia de la muerte, el golpe de la muerte, el cabezazo de la muerte, la patada de la muerte, el puñetazo de la muerte, la estocada de la muerte, la herida de lanza de la muerte, la bala de

la muerte, el degüello de la muerte, el arañazo de la muerte, el rasguño de la muerte, la bofetada de la muerte, la quemadura de la muerte, el estremecimiento de la muerte, el envenenamiento de la muerte, la fulminación de la muerte, el latigazo de la muerte, el bastonazo de la muerte, la raspadura de la muerte, el roído de la muerte, la explosión de la muerte
Y el muerto no teme
La frialdad de la muerte, el ardor de la muerte, la amargura de la muerte, la acidez de la muerte, la dulzura de la muerte, la pimienta de la muerte, los condimentos de la muerte, la sal de la muerte, el yodo de la muerte, el nitrato de la muerte, el fósforo de la muerte, el azufre de la muerte, el zinc de la muerte, el hierro de la muerte, el acero de la muerte, el oro de la muerte, la palidez de la muerte, lo azulado de la muerte, la inteligencia de la muerte, la sonrisa de la muerte, el llanto de la muerte, las risillas de la muerte, la rudeza de la muerte, el amaneramiento de la muerte, la hipocresía de la muerte, el hedor de la muerte, la podredumbre de la muerte, la herrumbre de la muerte, la madera de la muerte, los huesos de la muerte, la carne de la muerte, la grasa de la muerte, la crema de la muerte, las venas de la muerte, el hígado de la muerte, el pulmón de la muerte, el blando pene de la muerte, el duro pene de la muerte, el vello de la muerte, los sesos de la muerte, la pupila de la muerte
La muerte en mil maneras, con mil rostros, con mil máscaras. Pero a nada teme el muerto, repite el espejo.
El muerto aguarda.

8

El muerto aguarda. Aguarda la lluvia, la piedra, el poema. Aguarda la ribera, las alas, los recuerdos olvidados. Aguarda la fiebre de la pasión, la revolución que no termina de cumplir. Está a la espera de su abuelo, su padre, su hermano, su madre, su hermana, su hija. Espera su destino.

Se aguarda a sí mismo junto a una ventana oscura que da hacia una calle desierta de una ciudad abandonada en el interior de un país imaginario sobre un continente olvidado encima de una ruinosa esfera lanzada y relanzada por dioses inexistentes.

El muerto se aguarda a sí mismo. Los dioses ríen y gritan: «¡Triunfo!» cada vez que un muerto se aguarda a sí mismo junto a una ventana inexistente que da hacia una calle ruinosa de una ciudad olvidada en el interior de un país abandonado sobre un continente imaginario encima de una esfera desierta lanzada y relanzada por dioses oscuros.

Los dioses ríen, pero el muerto aguarda porque sabe —lo afirma el espejo— que la muerte no es una partida, sino un retorno.

9

El muerto sabe que la muerte no es una partida, sino un retorno. Sabe que el alejamiento de la muerte es más rápido que su aparición. Que en cuanto llega no se queda mucho tiempo y cuando permanece se cumple sin razón. El muerto sabe que es él su propio huérfano. A diario sale de la cama hacia los brazos del sol, y los brazos del sol hacia su polvo. El muerto se levanta seguido por su muerte y por manchas de una nube que sangra sobre la nieve. El muerto se levanta, se viste, abre la puerta que da al campo, cava un hoyo y extrae agua de un peñasco como si sacara un conejo del sombrero de un mago. Del agua saca un espejo para las almas de los cobardes. El conejo se mira siendo conejo y huye aterrado. El muerto muere cuando es hora de levantarse, en cuanto llega la hora de la muerte, si no, él mismo no llega.
Así la muerte se levanta para conocer al muerto, y el muerto se levanta para conocer la muerte.

10

El muerto se levanta para conocer la muerte.
El muerto también siente hambre.

11

El muerto siente hambre
Y el muerto muere un poco, explica el espejo. Muere de nostalgia, de sueños, de despertar, de verdad, de ira, de desaprobación. Muere de soledad, de rebelión, de tedio, de pesadumbre, de secreto. Muere de sentido, de amor, de tiempo, de finales. Muere de la palabra, del fuego, de la nada. Muere del misterio, del transcurrir de las horas, del alba, de la luz extinta. Muere de la mirada herida, del tintineo de las campanas.
Y a fuerza de juventud, de dolor, de orgullo, de pasión, de eco, de extravío, de indecisión y de insistencia
De descuido, de caída al abismo, de recorrido en sentido inverso al del viento
De ternura
Él muere
Pero no, el muerto
No muere de frío.

La princesa del volcán y custodia de las brasas
Le brinda calor
Allí donde las sombras se separan.

12

Allí donde las sombras se separan
Allí donde el color del ciprés tiene un sabor oscuro sólo apreciado por quien conoce el sabor del silencio,
¿Qué ogro pasa por el ojo de una aguja?
Escuchadme, vosotras que por él lloráis:
El muerto no está muerto. En verdad, él no muere ni morirá.
Por la mañana se olvida de abrir los ojos.
El muerto está dormido: arrúllenlo con rezos y canciones…
El muerto está dormido: aléjenlo de las brujas de la triste noche y de los gatos negros…
El muerto está dormido: perfúmenlo, vístanlo con las ropas más hermosas…

Dormido está el muerto.
(Duerme detrás de su espejo):

… Un poco más y despertará.

II. ESPEJOS DE LAS FUGACES

Cazador rival, nada has aprendido,
Tú que sin prisa me adelantas
En la muerte que yo desmiento.
René Char

El espejo de Alfonsina

Alfonsina Storni es una poeta argentina nacida en 1892. Se suicidó por ahogamiento un martes a las 6 de la mañana, a la edad de cuarenta y seis años. Repetía continuamente que su sueño era morar en el mar. El sueño acabó por cumplirse.

Preludio de la lluvia

¡Tantas nubes en mí, tantas nubes que sólo puede disimular el agua! Abro la puerta de mi habitación hacia una vida segura, le doy la espalda a la lluvia. Mas la lluvia no me basta y camino hacia el mar. Las algas han invadido su umbral, su candado está oxidado, su sal le calma la sed. Yo la vagabunda, la vagabunda del mar, bajo su asfalto líquido me pierdo, y en sus rincones, sus rincones rociados de tinta, yo dormito. Soy la aglomeración de sus olas, la espuma de su desesperanza fascinante, su piel cálida, promesa de voluptuosidad. Barca embriagada por la tempestad. Relámpago que me une a un principio que me regenera y me multiplica.

> *(Sumérgete, Alfonsina, sumérgete: ¿qué poemas escribirás en el fondo del mar? Sumérgete, sumérgete hasta que no haya más fondo. Vuelve hacia ti para que aparezcan las estrellas. La concha se abre, y dentro de la concha está el mundo; el mundo desnudo por completo: oquedad, polvo húmedo y sin garras)*

De agua es mi boca, de agua mi mirada, de agua la punta de mis senos. El mar habla, y yo recuerdo. El mar habla, y soy su confirmación. ¿No podría dormir ahí, con los ojos bien abiertos, como un pez que fantasea? Abiertos mis ojos, para que su oscuridad se extinga. Para que yo duerma trazándome otros nombres de la espuma sombría de la añoranza.

(Sumérgete, Alfonsina, sumérgete: olvida que eres Dios, la neblina, el desasosiego, la naturaleza más astuta que cualquier máscara, la promesa, el regazo de la promesa, la hierba que cambia al mundo, pues una sola brizna de hierba es capaz de cambiar al mundo)

Terso es el pene de la arena. Bulle contra mi cuerpo y brilla en la oscuridad inquieta. Su esperma tiene un gusto azul sobre mi lengua. Trago mi saliva, veo detrás de mí todo ese mar que aumenta en mí, por mí… diluvio de sangre en que me eternizo. Acuario que me habita. De agua es mi boca, de agua mi muslo oscuro, de agua la palma de mis manos. Mas no soy digna de ser mojada ni digna de ser colmada: ¡Si tan sólo pudiera dejar de sangrar un instante, nada más un instante para desviar el muelle!

(Sumérgete, Alfonsina, sumérgete: caza tu miedo susurrando un canto, destroza tus cadenas e invoca a lo que creas ser la jaula, el secreto, los vestidos. Acepta sólo el auxilio de una piedra, para que un sino irrepetible te resguarde. Únete a las estrellas del fondo, dirígete ahí, donde en vano se busca la tierra. Tendrás frío en los pies, se liberarán las mechas de tus cabellos, te volverás el mineral del agua. Te darás cuenta de tu soledad, sabrás que sólo estás contigo misma, contra ti misma, y que no hay leña alguna que pueda saciar ese volcán)

De agua es mi boca, de agua mi mirada, de agua la punta de mis senos: muerte, ¿qué soy frente a ti? Una gota de lluvia cavando su tumba en un mar. Y ese mar está en un vaso. Y el vaso en un pozo. Y el pozo en la garganta de un cuervo. Y el cuervo en las obsesiones de una caverna. Y la caverna en la imaginación del instante presente. Y el instante presente está en lo que sigue. Y lo que sigue está en la mano de la duda. Y la duda en el espasmo de una risa. Y la risa en toda feroz esperanza. Y la feroz esperanza está en un ojo que mira al exterior de una ventana cuando no hay nadie al exterior de esa ventana.

(Sumérgete, Alfonsina, sumérgete: Sé la guía de los marinos soñadores; de los soberbios, los miedosos y los que acechan; de los rústicos, los deseosos y los impotentes; de los buenos, los

corruptos, los fugitivos; de los... de los pérfidos y los apostadores; de los perecederos, los atónitos y los destructores; de los drogadictos, los extraviados y los traidores; de los primeros, de los últimos y de los que recuerdan; de los verdugos, los clementes y los desencantados; de los extintos, los agobiados y los sofocados; de los delirantes, los ardientes y los radiantes; de los risueños, los francos y los embusteros; de los dormidos, los hundidos y los engullidos; de los enclaustrados, los indecisos y los apuñalados; de los aferrados, los encadenados y los curtidos; de aquellos que sangran, de aquellos que son derramados y de los secos;
Sobre todo de los secos)

Muerte, ¿quién soy frente a ti? Una mujer que camina en una gota de agua que camina en una gota de agua que camina en una gota de agua.
... Y al frasco lleno le basta con creer que él mismo es el océano.

El espejo de Karin

Karin Boye es una poeta sueca nacida en 1900. Se suicidó por sobredosis un jueves, a la edad de cuarenta y un años. Sobrellevaba con problemas su obesidad, pero no hizo nada por adelgazar: prefirió desaparecer.

Discurso de la enamorada

Necesito partir ahora mismo. Hacer mis maletas y partir. No sé a dónde. La gente del barrio pasa junto al árbol sobre el que marqué mi nombre, sin prestarle atención alguna (*igual hacen conmigo, los hijos de perra*). El viejo árbol me aconsejó visitar la imaginación del bosque. Allí hay, me dijo, pájaros color carmesí que llevan curiosos sombreros, niños que nunca crecerán y un pozo donde se arrojan las aflicciones, los miedos y el daño que los demás nos han hecho. Y todo eso nos es devuelto en forma de besos en la boca.

(En vano partes, Karin:
El anhelo de salvación no es un anhelo.
Es sólo una mortal e intensa llaga)

Necesito partir ahora mismo. Peinarme y partir. Aunque, para ser honesta, no sé dónde ir. Mi vecino el tendero prometió hacerme un descuento por el ataúd blanco que me gusta (*a diario me detengo frente al aparador y lo contemplo con la ilusión de que nadie lo compre antes de que alcance a reunir su precio exorbitante*). Ese amable tendero me habló de un alba donde el sol apenas es visible, cuyo cálido polvo se levanta contra los que llegan de otras tierras, y que los pastores protegen ladrando para retrasar su llegada.

(En vano partes, Karin:
El armario está vacío, y también
Los cajones
Las cajas de zapatos
Las cajas de cerillas
Las cubetas para el agua

El vientre de las muñecas
Y el silencio duerme, solitario
En esa otra casa que, tú supones, te está esperando)

Necesito partir ahora mismo, tornaré mi dolor de cabeza en paciencia y me iré. ¿Pero quién me dirá hacia dónde? Me chupo el índice de la mano izquierda cada vez que, a lo lejos, veo venir el golpe (*tengo dos ojos en la nuca, causa de mi miseria, de mi sabiduría*). Mi índice obstinado me habló de una cantina frecuentada por marinos que llevan en la piel tatuajes de aflicción, una cantina donde bailan mujeres a punto de parir. A sus puertas, criaturas carnívoras se encaraman para sermonear a los transeúntes.

(En vano, Karin, en vano.
En vano rechazas el sepulcro:
Muerta has brotado del vientre de tu madre.
Aspiras la luz en vano:
Apenas entiendes su sentido.
Te aferras a tu sostén en vano:
El seno volverá a la arcilla del seno)

Necesito partir ahora mismo. Ya no puedo quedarme aquí. Abriré una brecha en el círculo y saldré. Los hilos entreverados de mi miedo han dejado de asustarme. Necesito partir para cerciorarme de que en verdad soy yo esa mujer que miro en mis fotos. Que soy yo la mujer que miro sonreír en esas fotos. Que soy yo la mujer que veo mentir en esas fotos. Ahora me toca dar la espalda. Y la daré. Es mi turno de ser cruel, asesina. Y mataré. Llevaré conmigo el viejo árbol al que la gente del barrio no presta atención alguna cuando pasa a su lado, al gentil tendero que prometió hacerme un descuento por el ataúd blanco que me agrada, al índice obstinado que chupo cada vez que veo venir un golpe a lo lejos, y a esta guarida en que me refugio mientras embellezco.

Sí, partiré… ¿Quién de vosotros partirá conmigo?

El espejo de Ana Cristina

Ana Cristina Cesar es una poeta brasileña nacida en 1952. Se suicidó de un tiro en la cabeza, con un fusil de caza, un sábado, a la edad de treinta y un años. Su madre quería que fuera cantante, pero ella rehusó, hasta entonar, al fin, su primera y última canción.

Los pretextos mudos

Hacia la otra ladera me atrajo su silbido dentro del sueño.
De luna que revoloteaba en el cielo, me convertí en cielo visible desde la ventana de una luna. De un tejado, me convertí en manta. Seno era y un pezón rebelde me coronó, me talló, y entonces me dijo: Mi noche ha llegado, anda a prepararte. Te elegí de entre todas las mujeres para que seas mi madre.
La bala dijo: Te he elegido
Porque debajo de tu piel hay siempre una mujer, porque eres el placer del polo sur y el equinoccio del amor, porque compartes de corazón tus vicios con los desamparados, porque eres el gen de la cacería, la célula del azar y la vena del último sueño, porque eres como zorros deambulando entre las viñas de tus senos, porque conoces bien la diferencia entre víctima y rehén, porque eres anzuelo que cree ser un pez y un pez que ignora ser anzuelo, porque un día también tú dejarás de aparecer, porque no hay día en que no te inventes una nueva caída, porque eres la cicatriz que cierra la herida, y la gota de vino que fulgura sobre un labio después del primer sorbo

(La pólvora es tu amiga, Ana. La pólvora, tu enemiga.
La pólvora es tu camino, tu camino sin salida.
La pólvora es tu montaña, tu precipicio entrampado.
La pólvora es tuya, y también está en tu contra.
La pólvora, que todo te ha dado, te lo ha quitado todo)

... te he elegido, dijo la bala
Porque la mañana no le va bien a tus pestañas, porque te encanta el queso, el fuego y tu voz enrollada después del sexo, porque eres

la abundancia de las lágrimas malvadas y de la memoria, porque no te disuelves en agua ni te mezclas con aceite, porque eres la única ventana acristalada de una prisión expuesta a terremotos, porque nadie sabe hacia qué lado habrán de inclinarse las rejas de tus deseos, porque perpetras sin remordimientos, porque eres amenazada y amenazante, porque hay mil promesas debajo de tu cuello, porque la humedad de la culpa te pertenece, porque del vacío de tus suspiros tú te yergues

(La pólvora te ha dado y quitado todo. Te ha dado todo para luego quitártelo.
Tus modestos juguetes. Tu cama de madera carcomida. Tu plato. Tu cuchara. Tus risas. Tu ventana. Tu sueño. Tu luna llena. Tu día después de mañana. La orilla del río. La mano de tu madre, mano callosa de tanto trabajo. La sonrisa desdentada de tu padre. El juego. El placer del juego. La infancia. La indolencia de la infancia, que robó la ligereza, la arena, el ave y la sorpresa. Incluso robó el vestido que cosió tu madre para tu cuarto aniversario, y que todavía guardabas)

… te he elegido, dijo la bala
Porque eres el arrebato de la bala hacia el lecho de carne, el arrebato del lecho de carne hacia el sueño, el arrebato del sueño hacia el amanecer, el arrebato del amanecer hacia las cuatro estaciones, el arrebato de las cuatro estaciones hacia todas las estaciones, el arrebato de todas las estaciones hacia el fin de la era, el arrebato del fin de la era hacia su inicio, el arrebato del inicio de la era hacia un incendio inevitable, porque eres tersa para atravesar su envidia en relieve, porque nada tienes que hacer con sus remordimientos, porque diminutas son sus alturas, porque el viento casi logra levantarte, tan femenina, porque haces señas a los perdidos a fin de que tu frivolidad consumida los oriente, porque zurces las esperas al cuerpo de los hombres, punto tras punto, porque eres requerida

como el pez de la nostalgia, porque me guiarás a una caverna que sólo en ti se abre…

(Me preguntas: ¿por qué?
«Tenía hambre y tú me alimentaste», la pólvora responde)

Se me apareció en un sueño y abrió la puerta de la jaula: ven, porque te he elegido y llegó mi noche. Vuela y ábreme la cabeza. Abre también tus pensamientos y las vías rápidas en tu sangre.
Yo soy tu madre y eres tú quien habrá de darme a luz, me dijo la bala.

El espejo de Tove

Tove Ditlevsen es una poeta danesa nacida en 1918. Se suicidó ingiriendo somníferos, un domingo, a la edad de cincuenta y siete años. Toda su vida padeció de insomnio. Entonces encontró el remedio perfecto para aliviarse definitivamente.

Intuición del deseo

Ahora estoy dormida. Ahora que duermo, puedo hablar. Abro la boca y corren lobos en su interior. Y grito: vida, déjame beber tu sangre. Déjame encajar mis dientes en tu cuello de bestia, ahí donde, por mí, palpita la vena de tu odio silencioso. Déjame matarte, vida, para que me poseas. Para que yo posea mi vida.

> *(Después de tu sueño, Tove, quien te desconocía supo de ti y quien te veía no te ha vuelto a ver)*

Necesitaba dormir para comprender a la noche. Entonces dormí y comprendí. Veo en la oscuridad, veo lo que resulta de ella. Veo lo que antecede al camino, lo que viene luego, y la carne entre ambos. Todos los frutos han sido recogidos, y todas las esperas han llegado a su final. Ningún dolor, sólo aquel de un alma que se estira. Dolor que se bebe a tragos en una fuente olvidada, o que se toma a escondidas, sobresaltándose al menor contacto.

> *(Después de tu sueño, Tove, lograste sin lograr. Venciste sin vencer. Huiste sin huir. Caíste sin caer, etc.: toda montaña tiene su doble en el ojo de un cuervo)*

Necesitaba dormir para despertarme. Entonces dormí y me desperté. Brillo bajo la superficie de los lagos, en el vacío de los balcones, sobre la alfombra de una droga astuta, contra el cielo de la mentira, por encima del placer de la ilusión o en las aguas del esparcimiento. Brillo para decir qué hermoso es el mundo. Qué hermosa es la herida lechosa de la luna.

(Después de tu sueño, Tove, te convertiste en tu propio crimen.
Te convertiste en la sangre y su mancha)

Para cicatrizar después del sueño, necesitaba dormir. Entonces dormí y cicatricé. Me sedimento en las profundidades para que la hierba encuentre su olor en mí, y me evaporo en las alturas para que la arena descanse de mi hastío.

(Después de tu sueño, Tove, te diste cuenta de que eres un seno, una muñeca, un tumor, una estrella, un aguijón, una espiga, una argolla, una diosa, un pecado, un paseo, un ardor, una caída, un jacinto, un versículo, una columna, un vértigo, una virginidad… y olvidaste que entre todo eso no hay ninguna diferencia. Olvidaste, Tove, después de tu sueño, que eres un seno, una muñeca, un tumor, una estrella, un aguijón, una espiga, una argolla, una diosa, un pecado, un paseo, un ardor, una caída, un jacinto, un versículo, una columna, un vértigo, una virginidad… y te diste cuenta de que entre todo eso no hay ninguna diferencia)

Necesitaba dormir para mirar de cerca el puerto. Entonces dormí y miré. La tierra, de muy cerca. Mi edad y la eternidad. Ahora, la existencia ya no le teme a nada. Los suspiros no acudirán a mi corazón. Podré marcharme con el sosiego de aquellos cuyas lágrimas vuelven a los manantiales. No necesito ya una sed, como tampoco mi memoria necesita de mí.

(Después de tu sueño, Tove, aprendiste a resignarte. De la resignación aprendiste la carencia, de la carencia la rebelión, de la rebelión el exceso, del exceso el extravío. Del extravío el miedo, del miedo el ataque, del ataque la bofetada, de la bofetada la prudencia, de la prudencia la frivolidad —¡y vaya que

es buena!—, de la frivolidad aprendiste la resignación)

Para que el desdoblamiento del beso aconteciera, necesitaba dormir. Entonces dormí y me dividí. Mi cuerpo se hizo la raíz de una sombra. Mi mano, mi transparente mano, de ahora en adelante podía destrozar el río. Me dividía. Y seguía entera. Me desmigajaba. Y seguía entera. Me reflejaba. Y seguía entera. Me repartía. Y seguía entera. Desaparecía. Y seguía entera. Me desgajaba. Y seguía entera. Principiaba conmigo misma. No tengo sosias. Ni doble. Ni origen en el origen.

> *(Después de tu sueño, Tove, cantaste, reíste, bailaste, gozaste, jugaste, volaste, corriste, bromeaste, despilfarraste, bebiste hasta la embriaguez, deliraste, deliraste, deliraste… y luego naciste)*

Necesitaba dormir para entender, para despertar, para cicatrizar, para ver, para dividirme, para nacer. En este momento estoy dormida. Después de que al fin quedé dormida, me convertí en la casa abandonada
Y
La que
Abandonó
La casa.

El espejo de Marina

Marina Tsvietáieva es una poeta rusa nacida en 1892. Se suicidó ahorcándose, un domingo, a la edad de cuarenta y nueve años. La hermosura de su fino cuello siempre fue alabada por los hombres. Ella dijo: Tómenlo.

Arquitectura del abismo

Contemplo mi cadáver acostado y por primera vez me encuentro bella. Acostada, pálida y bella como una leyenda herida. Bella como sólo cualquier otra mujer puede ser bella.

Te contemplo, cadáver mío, similar a un alambre de hierro. Te toco y luego te lanzo a lo lejos. Como una línea de caza en un cielo bajo. Soy tu funámbula, tu rehén. Vibras debajo de mí y amenazas con volcarme. Te tengo miedo. Te huyo. Y por ti me cuelgo. De pronto te vuelves escalera, rama, cuerda, caída, allá donde no ceso de decir adiós a esas montañas que se van sin mí.

(Canción de cuna nº 1:
Había una vez
Una niñita blanca
Y un millar de muros negros
Marina la blanca se ocultó tras sus muros negros
Donde poco a poco dejó de ver a la gente)

No eres grande, cadáver mío, ni blando, tampoco eres tierno ciertamente. Eres un alambre de hierro, discreto cadáver mío. No te agobias de sentimientos, ni de virtudes, ni siquiera de confusos pensamientos. No tienes palabras que decir, ni historias, y ya nadie te besa en la boca. Las metáforas no se asientan sobre ti, los ecos extraviados no regresan hacia ti, y ningún viejo sueño dormita bajo tu sombra. Tú, cadáver mío, calcinado de pudor.

(Canción de cuna nº 2:
Había una vez

Una niñita blanca
Y un millar de nubes rojas.
Marina la blanca se ocultó por encima de sus nubes rojas
Donde poco a poco dejó de ver a la gente)

Se bailará en mi entierro, seguro. Habrá una palabra para cada boca, un odio nuevo para cada cráneo escindido. Se bailará en mi entierro, y la hierba pesará bajo los pasos. Despiadada será la colina que habrá de escalarse (o de descenderse), despiadada como las entrañas de una madre que lo ha dado todo.

(Canción de cuna nº 3:
Había una vez
Una niñita blanca
Y un millar de cuevas verdes
Marina la blanca se ocultó en el interior de sus cuevas verdes
Donde poco a poco dejó de ver a la gente)

Este alambre sobre el que camino sin moverme es mi cadáver. Es inútil meterlo en una caja de madera. Tiendan su ropa en él, inviten a los pájaros a que se posen sobre él. No le canten salmos ni planten flores a su alrededor: pónganse de rodillas y pidan perdón a las ramas que les dan sombra, a las ropas que los cubren, al cielo que soporta sus inmundicias humanas.

(Canción de cuna nº 4:
Había una vez
Una niñita blanca
Y un millar de contusiones azules
Marina la blanca se ocultó bajo sus contusiones azules
Donde poco a poco dejó de ver a la gente)

El cuadro del muerto empieza con una gota de sangre, con una

piedra en el bolsillo, con un paso hacia la sombra. Contemplo mi lienzo y me encuentro bella. Por mí, las abejas renuncian a su miel, los paraguas renuncian a su lluvia. Enterraré mis labios en esta tierra agrietada y liberaré mi aliento allá, en la arena, en su polvo, en su humedad, en sus metales, en sus gusanos. Astutos: la llama de mis restos brillará bajo sus talones. Allá lameré, sin saciarme, la sal que ustedes ya conocen. Allá cantaré: resplandezcan, manos mías, desaparece, grito mío, enséñenme, poemas míos, cómo desvanecerme. Cantaré:
Yo la malvada
La malévola
La sanguinaria
La que se oculta detrás de su verdad
La que se lleva de la mano hacia ella misma
La que se adelanta hacia su propio aislamiento
Yo que jamás fui para nadie
Que pertenecía por completo a la fuga
Seré
Al fin
Mía.

(Canción de cuna nº 5:
Había una vez
Una serpiente blanca
Y una niñita blanca y solitaria.
La serpiente blanca se anudó al cuello de la niñita solitaria
Y
Poco
A
Poco
La gente dejó de verlas a las dos)

No espero nada de ustedes: mi cadáver sonriente me basta. Mi cuello se vuelve transparente, y estoy en camino hacia el olvido. Sí, soy bella, como el olvido, y sólo mis uñas sucias me traicionan. ¡Vamos, es hora de bailar!

El espejo de Florbela

Florbela Espanca es una poeta portuguesa nacida en 1894. Se suicidó lanzándose al tren, un lunes, a la edad de treinta y seis años. Le encantaba pasar el tiempo hojeando los libros de la biblioteca pública. No leyó *Ana Karenina*, la novela de Tolstoi. La vivió.

Tentación del olvido

Que las cosas queden claras desde el principio: las caricias no me excitan, ni las miradas lánguidas, ni siquiera los besos. Todos esos preámbulos no son más que pérdida de tiempo. Raras son las mujeres que los piden. Cuando era más cortés y más tonta para no decir en alto lo que pensaba, miraba mi reloj tras el cuello del hombre que en ese momento me acariciaba y me besaba, diciéndome a mí misma: ¡ya es suficiente, querido! ¡Pasemos a lo bueno del asunto!

(Te casarás con un escorpión, Florbela. Besarás al escorpión y se convertirá en águila)

Sólo una cosa me excita de verdad: el espectáculo del pene erecto, en posición de firmes. Nada más verlo acercarse sé que estoy lista. ¿Por qué el sexo de un hombre no será objeto de inspiración para artistas y escritores? Una obra maestra como ésa, única en su género y en su efecto, podría convertirse en un lienzo, una escultura, una melodía. No conozco nada más formidable y prodigioso que ese espectáculo. El pene es un deseo que habla. Que respira. Que se mueve. Un milagro de resurrección permanente. Un ídolo viviente que exige postración y veneración. Comparado con él, el cuerpo de la mujer parece desabrido, irrelevante, previsible, sin sorpresa...

(Te casarás con un águila, Florbela. Besarás al águila y se convertirá en sapo)

También me gusta que el hombre esté erecto por una razón oscura relacionada con mi temperamento de haragana. Es como si no fuera la hija de mi madre, porque no tengo nada de las típicas mujeres de Lisboa que se sacrifican y se ofrecen con tal de que los machos gocen. Que los cabrones se vayan a buscar satisfacción en otra. Yo vine aquí para gozar de ellos. Lo demás no me incumbe. Tampoco soy paciente, ni estoy dispuesta a mover un solo dedo para ponérsela dura al hombre que me excita (¡qué impudicia, qué desdén por mi tiempo, por mi mano, por mi lengua!). Cada vez que me topo con uno de ellos, mientras estoy «dormida» y ablandada, refunfuño y lamento haberlo seducido. «Prepárate, luego ven de inmediato, querido mío. Primero prepárate y, enseguida, ven a mí. La única obligación que tengo es con mi placer, no contigo. Estoy ávida de surfear en mi ardiente deseo por gozarte. Haz lo mismo que yo, nada más. Y punto.»

> *(Te casarás con un sapo, Florbela. Besarás al sapo y se convertirá en cocodrilo)*

No hay de qué extrañarse: las dulces intenciones no me conmueven. Las palabras de amor me aburren. Me producen la sensación del agua helada, o la de un barril de golosinas devoradas hasta la náusea y el vómito. En la cama me vuelven loca las palabras crudas. Las palabras obscenas. Vulgares. Chocantes. Malditos sean el recato y los buenos modales en la cama. Su lugar está en los salones, no en los sitios de placer.

> *(Te casarás con un cocodrilo, Florbela. Besarás al cocodrilo y se convertirá en tren)*

Asómbrense de que esto que relato sucede pocos momentos antes de mi muerte. Deben de estar preguntándose qué relación hay entre estas confidencias y mi suicidio, y también cuáles son las razones de mi presencia en los pliegos de este libro.

Muy bien. Les voy a contar un secreto.

Las líneas precedentes no son necesariamente un poema. Más bien se trata de las primeras páginas de un texto erótico que soñé con escribir, pero la falta de tiempo me lo impidió. Además, nací en 1894. ¿Saben lo que significa para una mujer libre haber nacido en 1894? Significa desear en secreto, seducir en secreto, devorar en secreto. Me era imposible revelar mi verdad de libertina, y aún más hacer alarde de ella. Debía tener mucho cuidado al disimular [*Buenos días, señora. ¡Pero qué collar tan bonito! Su marido tiene muy buen gusto. ¿Me pregunta usted sobre mis actividades de hoy? Pues bien, por la mañana tomé lecciones de costura, y luego toqué un ratito el piano. Por la tarde, una monja me dará un sermón sobre el pudor. Y por la noche tomaré el té con mi tía y su hija viuda. Sí, mi vida es tranquila y maravillosa, señora, cualquiera la envidiaría*]. Voy a contarles otro secreto: No es casualidad que haya elegido una muerte así, bajo un tren. Es el órgano imposible que siempre deseé sin poder obtenerlo. La muerte que me infligió provocó en mí ese orgasmo iluminante y extremo que tanto anduve buscando a lo largo de mi vida (*mis decisiones eran limitadas, estaba rodeada de burgueses, es decir, de los peores amantes, los más habladores y los más soporíferos*). Mi salto bajo el tren fue una invitación abierta a la violación.

Esto no es un poema, salvo si ustedes mismos quieren que lo sea (créanme, es necesario decidirse). Si no, considérenlo como la entrada en materia de un libro escandaloso, esbozado en mi imaginación e inacabado (a consecuencia de mi suicidio). Por favor, vengan al auxilio de sí mismos y, en mi lugar, complétenlo en su mente.

El espejo de Amelia

Amelia Rosselli es una poeta italiana nacida en 1930. Se suicidó por electrocución en la bañera, un domingo, a la edad de sesenta y seis años. Solía decir que el relámpago era su amante. Terminó por apagarlo.

La caza de la desesperanza

— *Nadie te ha invocado, Amelia, nadie. Ningún viento llamó al tuyo, ¿qué haces aquí entonces?*
— Fui invitada. Alguien, de un espacio extraño, me invitó. Un viento llamó a la ceniza del viento para que me informara de la necesidad de mi presencia. Y he respondido al llamado.
— *¿Quién es ese alguien? ¿Fue un amante el que te invitó a venir?*
— Es ella quien llamó, ella. Y he respondido a su llamada.
— *¿Quién es ella? ¿Quién es? ¿Una amante cuya mano segó la tuya?*
— No. Ella es una caída, una caída. La caída de un pecado en un cerebro depravado. La caída de una llaga en una alucinación sombría. La caída de una feminidad en el ladrido de un chacal…
— *¿Por qué has hecho arder la noche siguiente? ¿Por qué has mojado la paja del día anterior?*
— Porque soy como una resina que, una vez limada, atrae al absurdo y todo lo que se le parezca. Yo fui limada y atraída.
— *¿Hacia dónde? ¿Hacia dónde? ¿Tenías algún pretexto para arrojarte así?*
— Hacia una despreocupación que vuela por encima de cualquier idea. El hambre de la muerte me turbó porque recibe a sus presas con cara seria y amenazante. Entonces me dije que había que reprimirla. Y lo hice.
— *Evocas el hambre de la muerte, Amelia, ¿qué más?*
— Me dije: con mi maldita cólera arraso los fundamentos de la continuidad, de la tranquilidad. Organizo al límite del exceso el desenfreno de la vida, como si me refugiara en una noche poseída por sus propios vicios. Entonces poseí e irrité.
— *¿Qué nervio has tocado, qué impresiones, qué partículas?*

— No me envilezco por el nervio de una mano posada en otra mano. Por la impresión de una falta justa en su obscenidad. Por las partículas de un cuerpo perturbado por su contenido. En ellas fui bautizada, y, como ellas, resurgí, me agité y aparecí. Y heme aquí tal como me ven, arrastrada por el oleaje. Ella llamó, yo respondí. Y no hay vuelta.

— *¿Quién es ella, Amelia?*

— La que hechizó mi cerebro por su pureza perfecta.

— *¿Es una mujer?*

— Más.

— *¿Una casa?*

— Más que eso.

— *¿Cuál es su nombre?*

— Fulgura en mí, fulgura en mí. Y tal vez hace fulgurar mi nombre.

— *¿Dónde se le halla?, ¿en la ausencia del lugar?*

— Envía sus relámpagos en el carbón de mi cuerpo.

— *¿Es aquella que conociste, mano de tu verdad salvadora?*

— No la conoces. Tú no la conoces. El secreto nos desborda a todos.

— *La reconozco, la reconozco: todas tus fiestas en su pecho.*

— Más bien las llamas, todas las llamas, todas las llamas en su pecho.

— *¿Un salto en un delirio cautivante?*

— Una poesía que estremece. Y, cada vez que estremece, crece y se propaga. Ella, la del fuego que está aquí y allá, como su aire, su agua y la arena. Ella, como una madre nadando con sus hijos en su útero. Como una prometida que a cada instante se acerca a sus nupcias. Flujo que se intensifica cuando resplandece. Golpe que se depura cuando choca. Sus rostros son uno: el rostro de la noble electrocución. El rostro de la energía que se abalanza y de la explosión del imaginario.

— *Nadie te ha llamado, Amelia, nadie. Ningún viento llamó al tuyo,*

¿por qué acudes entonces?
— Es ella quien lo hizo, es ella quien lo hizo…
— *¿Quién es ella, Amelia?*
— La electricidad, la amplitud del contacto y el milagro de los cables.
La electricidad
Que
De tan resplandeciente
A mi cuerpo
Hizo gozar.

El espejo de Sylvia

Sylvia Plath es una poeta estadounidense nacida en 1932. Se suicidó por intoxicación de gas en su cocina, un lunes, a la edad de treinta y un años. Su marido, el poeta Ted Hughes, la engañaba a escondidas con Assia Wevill, aunque lo negaba. Cuando ella murió, dejó de negarlo.

El arte de los estímulos

Me desperté temprano, en el pleno frío de aquella mañana. Miré mi reloj, eran las cuatro y media. Me levanté de la cama, que ya no soportaba el peso de mi cuerpo liviano. Arrastré mis pies por toda la casa, toqué con ternura la foto de mi padre colgada en la pared del pasillo, luego eché una mirada a los dos ángeles dormidos en el silencio de la habitación contigua. Incliné la cabeza y me refugié en el largo pecho de mi mesa, la mesa que mi amado, con sus propias manos, fabricó para mí. Me senté delante de la hoja blanca con la gravedad de alguien que se ha ido desde mucho tiempo atrás. Tomé un lápiz y me puse a escribir. Me puse a escribir como alguien que sabe. Como alguien que sabe poner su destino en juego. Tomé un lápiz y me puse a escribir. Y escribí como alguien que mata, como alguien que se hace matar.

Luego me puse a jugar.
Jugué con mi féretro, y él dijo: Ve al bosque. Elige el árbol más hermoso. Dómalo con una sierra. Corta el tronco y haz tablas. Trae clavos y bisagras. Junta las tablas en forma de caja rectangular. Constrúyele una tapadera. Toma la pintura color café. Pinta la caja y déjala brillante. Déjala secar por tres días. A continuación, reviste su interior con seda blanca. Luego acerca una escalera pequeña. Monta en la caja. Tiéndete y duerme. Ahí encontrarás el sueño de los otros.
Y
En el sueño
De los otros
Encontrarás
Tu destino.

(Apuesta, Sylvia, pierde la cabeza, atérrate, corre, gime. La ciudadela ha caído. Después de ella, ¿qué te queda, pobre de ti?)

Aposté mi sangre, y ella dijo: ¿Cómo me permites bailar sola en las venas de los piratas?

(Cambia tu pulmón por una piedra, Sylvia. Cambia tu saliva por arena. Respira tu polvo y destroza la cabeza de los reptiles. Hagas lo que hagas, siempre serás la perdedora, ¿por qué pierdes entonces en blanco y negro?)

Aposté mi cruz, y ella dijo: Me paseas y te paseo por los olivares, sin otra escena en tus ojos que tus funerales. Amo tu crueldad que intercambia conmigo un clavo por otro. Amo tus orejas pegadas contra el suelo, extasiadas por el canto de los despojos del cuerpo. Amo la espuma de tu traición cada vez que ascienden las olas de la lujuria. Te amo cuando soplas la ceniza y ésta se ilumina. Y te amo cuando alumbras extranjeros para que hagan tu elogio fúnebre.

(A fuerza de bostezar, Sylvia, el cuervo se ha elevado de tu garganta y, con su pico, ha reventado el absceso de la fe. A cada dios su dios, ignorante, no coloques aún el punto final de la historia)

Aposté mi herida, y ella dijo: Lávame con agua infecta. Frótame con arbustos de zarzas y enjuágame con pus. Nada es limpio sobre esta tierra, salvo la inmundicia: fabrica con ella mi casa y el puerto. Purifícame de mi pureza para que me inflame y me ulcere. ¡Ah, cómo es monótona la vida sin desechos!

(No sanes, oh bella y envidiada, pues cada cura es una trampa. Fortalécete, Sylvia. Con tu desangramiento, fortalécete)

Temprano y en el pleno frío me desperté aquella mañana. Desde la altura de mi orilla observé el abismo del mundo: oscuridad, escarcha, desesperanza, vacío. ¡Ah, cómo es monótona la vida sin desechos! Fui a la cocina. ¡Qué extraño! Mis manos temblaban como las de un anciano. ¡Verdaderamente extraño! ¿Cómo dos manos temblorosas pueden ser las mías? Preparé el desayuno para mis dos hijos, Frida y Nicolas: rebanadas de pan suave con mantequilla y un poco de leche. Doné mi amor y mi alimento a un trozo de tierra entre sus dos camas, luego los saqué de mi mortal tristeza. Regresé lentamente a la cocina. Lentamente regresé. Lentamente. Cerré bien la puerta y las ventanas con cinta adhesiva para que el veneno de mi ausencia no se fugara de la casa. Le dije a mi corazón: hemos jugado mucho, corazón mío, ya es suficiente. Abrí la llave del gas, me recosté sobre el frío embaldosado, cerré los ojos y, al fin, regresé a mi primera casa.

El espejo de Danielle

Danielle Collobert es una poeta francesa nacida en 1940. Se suicidó ingiriendo veneno en un cuarto de hotel, un domingo, a la edad de treinta y ocho años. En la escuela detestaba la literatura de Flaubert. Más tarde aprendió a amarla.

Otras ausencias

Hace mucho tiempo que llegó la última noche. Quién predica, quién reza, quién canta como esta última noche: ¿los muertos no dejan de vivir, los vivos no dejan de morir? Eso mismo me decía también mi abuela. Entre el amor liviano y el amor violento, sólo me queda esperar la sed. El fondo del vaso.

Enderezo mi cabeza, mi espléndida cabeza de muerta. Busco el camino por el cual volveré, busco la piedra deshabitada que entenderá mi ausencia. La última noche llegó como una última noche, como un último amanecer, como el fondo del último vaso. Oscuridad siempre intensa. Oscuridad que no deja de brillar. La luna existe por su propio ocultamiento. Y el muro, siempre el muro engendrando otros muros. El paisaje es un guijarro puntiagudo bajo la planta de los pies, sin ninguna otra orilla.

Alguien duerme en mí. Alguien despierta en mí. Ese alguien es todo lo que yo no fui: aquella vida ideal que no supe vivir.

> *(¿Le has contado a la vida, Danielle, que adoras sus monstruos? ¿Le has contado que adoras sus escorpiones, sus moscas, sus cerdos y sus insectos venenosos? Que adoras su desenfreno, que es también el tuyo.*
> *Y como tu vida es hermosa, Danielle:*
> *Tus ojos no bastan para alzarlos hacia su bota que casi te atraviesa y te aplasta. Tu boca no basta para besar su cuerpo elástico que se enreda alrededor del tuyo y lo tritura. Cuando naciste, te dijo: «Encajar tus uñas en el útero de tu madre no te servirá de nada. Saldrás de tu agujero y escupirás sobre mí».*

Y hete aquí, muriendo, mientras la vida dice: «Cavar tu tumba con los dientes no te servirá de nada. Solamente te escondes de mí, detrás de mí, cobarde».
Mas no eres cobarde, Danielle. Eres sólo una gota de esperma extraída de un fondo. No eres cobarde, ni inerme, ni tranquila. Eres una ajedrecista que pierde intencionalmente. Una violinista que se come las notas a escondidas para luego vomitarlas. Eres la jorobada que aúlla en la catedral y muerde su sombra en las paredes.
Tú y tu vida, dos fondos del mismo pozo, Danielle. Eres el doble de sus cuchilladas, su estatua volcada de espaldas, su propio rostro que detesta y no se atreve a levantar. Su garra sin color con la que descubre necedades.
Tú estás aquí. La vida es la que se va, Danielle. Esta noche no es suya
Ni tampoco tuya)

Ahora sé dónde termina el cielo. Ahí donde el rostro empieza. La nube conduce a una nube. Por el espejo nos deslizamos en nuestras sombras, entramos a nuestros poemas. Y mis pies ya no vacilan al dejar esta cosa cansada, esta ilusión absurda que es la vida.

(Y además, Danielle: tus ojos son solamente tuyos, tu silencio no será más que tu silencio, y esta nueva página que das vuelta no te pertenece. Tu muerte será un instante. Será una sonrisa. Será una espera convertida en la espera de la eternidad. Un momento excitante que se acumula entre dos comienzos. Un lapso de tiempo inesperado que derrumba fortalezas. Y esas fortalezas son las tuyas)

Abro la puerta de mi sótano.
Y es otra mujer la que entra.
No estoy entre ustedes. Ni en esta ropa. No estoy bajo las pregun-

tas, en este férreo dolor a cada línea, entre estas pestañas cerradas sobre la luz de mis gritos. No estoy entre ustedes y la hora de mi partida ha llegado. La hora de mi nacimiento. Te convoco, última sed. Tiendo mi lengua, mi pequeña lengua rosa, y sé que el amargo vacío que la destroza solamente será mío.

El espejo de Ingeborg

Ingeborg Bachmann es una poeta austriaca nacida en 1926. Se suicidó lanzándose al fuego, un miércoles, a la edad de cuarenta y siete años. Le gustaba coleccionar velas de todas las formas y de todos los colores, y pasar horas viéndolas consumirse en la oscuridad. ¿Se miraba a sí misma?

El galán desfigurado

Soy el reloj destrozado. Acarreo mis escombros, continúo la misión. Soy la dama del tiempo destrozado y la sirviente de las llagas. A mí llegan los pedazos fracturados para que el tiempo perdure. Mis ojos los enmiendan para que vuestros ojos no los vean. El tictac continúa para que yo permanezca fiel a las promesas. Las apariencias son resguardadas por las apariencias. El núcleo, por su parte, recuerda que es finito. Nada que pueda ser dicho, nada que pueda ser hecho. La ausencia del tiempo ayuda al reloj a hacer trampa. La vida estropeada es la vida estropeada. La ausencia de vida hace más dulce la partida y más fácil la muerte. Pero sólo llevo un poco de retraso. Además, nunca fui inocente.

> *(Y preguntas, Ingeborg: Dime, cerilla, ¿quién soy?*
> *— Una niña lanzada al principio del cuento. Te pareces a tu abuela, que no deseaba nada. Te pareces a su balcón, que daba al olvido. Te pareces a esas máscaras hermosas acomodadas dentro de un cajón. Una niña, eso eres. Te gustan los arcoíris y sueñas con ser astronauta. Hete aquí, Ingeborg, cabalgando las nubes en este cielo que por mucho tiempo contemplaste desde abajo. Ingeborg: la astronauta de la eternidad)*

Soy el reloj destrozado, el nombre del incendio que jamás reniega de las promesas de la leña. Veo más allá del fuego con la desconfianza de quien corta el camino de la vida, y suspiro: «En fin». Hace años que busco mi ataúd. Siete páginas nos separan, siete pozos. Ahora más: aquí estamos, en la tribuna del destino, de pie uno en el otro, unidos en la náusea. El mismo fuego nos observa. La misma leña nos inicia. Tirana cómplice, no gime, se extasía. Habita en mi escalofrío, en todos los vicios. Ambas somos habitadas por las hachas y los caminantes. Por las tardes, me murmura: «Ésta es tu aventura». Y cada tarde viajo hacia ella a través de mis cenizas.

(Y preguntas, Ingeborg: Dime, antorcha, ¿quién soy?
— Una muchacha que llora por su juventud asolada. No hablas, sólo eres. Observas y lloras. Sentada en un bloque de cemento amorfo, soñabas con tu pasado. Pero los sueños se han ido, cayeron de un camión como piedrecillas a la mitad del camino. Apoyada sobre tus lágrimas, tu mano tiembla sin que puedas controlarla. Tu mano ruinosa aprende a someterse a su oscuro destino. Lloras y piensas: ¿Es el destino una excusa inventada por Dios cada vez que se equivoca? A partir de ahora tu mano, feroz y domadora, no podrá aliviarse más de sus recuerdos)

Ahora sé lo que ignoraba. Sé por qué siempre ignoré cómo habrían de terminar mis letras, cómo los inicios advierten los finales (y viceversa). Mis máscaras carecían de coherencia y mis espejos de cohesión. Y, a pesar de todo, no dejé de despedirme, tantos pasos alejados, tantos alientos congelados. Mas las hojas perdidas por el árbol regresarán al mismo árbol. Y aquello que nunca supe lo sabré de ahora en adelante, para siempre.

(Y preguntas, Ingeborg: Dime, hoguera, ¿quién soy?
— Una madre que da el pecho a su hijo dentro de la tumba. Una madre que da a su hijo la leche del desconsuelo dentro de la tumba. Una madre que da a su hijo la miel de la aflicción, de la cólera, de la desesperanza. Una madre que canta a su hijo dentro de la tumba, que lo mece con la desdicha de sus manos y le reza versículos con la garganta herida y magullada. Anhelas levantar el vuelo con tu hijo, pero la melancolía de la tumba te impide fluir, deslizarte en el aire. La pesada melancolía de

la tumba, fardos de arena amarrados a los tobillos. No puedes despojarte de una tumba que nadie puede ver. Susurras: «¿Aún no se ha levantado el alba?». Eres una madre que aprieta con fuerza a su hijo en una tumba para que llegue pronto la mañana. Una madre que quisiera ser arcilla. Y quisieras que la arcilla convirtiera a tu hijo en manantial empujado por un río, un río que lo arrastre muy lejos del sepulcro. Una madre, eso eres, y quisieras ser un rezo, un poema, una canción, y que tu hijo fuera sus palabras)

Sobre la morgue cae la nieve, hinchada y negra, como mi cara. Deprisa cae mi cara sobre la nieve. Deprisa y en total silencio. Puedo contar sus gritos sofocados. Pero no se alarmen, amigos míos: el tictac continuará, y no notarán siquiera que estoy despedazada.

(Y preguntas, Ingeborg: Dime, horno, ¿quién soy?
— Una anciana con los ojos cerrados, tendida en una cama improvisada. Con cadáveres en el corazón, en la cabeza, sobre el pecho, sobre el hombro diestro, bajo los párpados rugosos. Tus ojos están cerrados, anciana, para que partas a la oscuridad sin demora, para que no veas tu alma colgada de un lazo, como ropa recién lavada, secándose lánguidamente cerca de las ilusiones que te tomaron desprevenida y que se han ido antes que tú)

Soy la niña y la joven.
La madre y la anciana
Soy
Una estrecha caja de madera. Una estrecha caja de madera en medio de un sendero. Una estrecha caja de madera bailando en un sendero que lleva hacia una tumba. Una estrecha caja de madera que baila ligera bajo el sol de mi vida criminal. Una estrecha caja de madera en este sitio. Una estrecha caja de madera en otro sitio.

Una estrecha caja de madera donde no se disiparon ni mi nombre ni mi cara, sólo mi sombra. La sombra que corría tras de mí perdió el camino y se apagó como una vela fatigada sobre un muro.
Soy la dama del tiempo destrozado y la sirviente de las llagas. Ha llegado la hora de que el mundo se retire de mis hombros. Por primera vez tantearé el peso de mi tristeza, por primera vez descubriré la fuerza de mi espalda: florecerá la pesadilla, se detendrá mi corazón, y suavemente, muy suavemente, respiraré.

El espejo de Reetika

Reetika Vazirani es una poeta hindú nacida en 1963. Se suicidó abriéndose las venas con un cuchillo de cocina, un jueves, a la edad de cuarenta y un años. Antes de suicidarse degolló a su hijo de dos años. ¿Lo mató o lo «salvó»?

Ritos del reino

Prominentes son las venas de la muñeca de la mano. Generosas y prominentes, como una invitación desvergonzada, como un perdón concertado previamente. Las noto al levantar una de mis tres pulseras y las acaricio con ternura.

> *(Escuché a la hoja del cuchillo, cuando te decía:*
> *¡Reetika! ¡Reetika! ¡Mira tus ojos cerrados! Un pájaro habita entre ellos)*

Luces de la casa, soy yo quien las apaga. Te acomodo, sari usado en la fiesta de anoche. Frente a ti comparezco, última faena del día. Como una mujer viva. Sí, como una mujer que está viva. Pero mi cansancio es inmenso, y mi armario está en desorden: debo arreglarlo, pero no ahora. No hay tiempo para ponerlo en orden. No hay tiempo para poner orden en mi tiempo.

> *(Por la mañana, escuché al cuchillo, cuando te decía:*
> *¡Reetika! ¡Reetika! No llores, princesa temerosa, mi filo es tu ombligo vanidoso, y mi brillo semejante a la noche acercándose a la noche)*

Un niño ríe a lo lejos. Un niño ríe aquí cerca. Me arrastro hacia la cocina. Limpio las migajas de la cena y luego vacío la mesa. Con un poco de jabón, friego la vieja cacerola, renuevo el agua del florero. Unos cuantos pétalos lloran en silencio, desmayados: mis hermanos mayores…

> *(A mediodía escuché:*

¡Reetika! ¡Reetika! Temerosa y desprendida de tu imagen, tu piel es tibia como saliva de serpiente)

Abro el segundo cajón bajo el fregadero y saco un cuchillo deslumbrante. Qué bello es su resplandor, pene revestido de deseo. Cómo está cerca, cómo está cerca de las entrañas. Su resplandor hiere mi juicio sobre él, hiere incluso el espejo de la mirada. Su deseo voluptuoso es un puente tendido entre el universo y yo. El timbre de su voz es joven y hechiza los oídos de mi alma. Su alcohol da vértigo, su fruto es instante.

(Por la tarde escuché:
¡Reetika! ¡Reetika! Es hora de que te levantes. La memoria se congestiona. El relámpago perfora la entretela del corazón. Busca otra mentira, otro engaño, otra felpa de un paño demoníaco que te proteja del mal divino)

Hermoso cuchillo incauto, eres alimento para mi cuerpo, y no al revés. Te comeré con el sobresalto del ladrón y la calma de su malicia. Tus ojos brillantes llorarán para recompensar mi gula. Y no habrá desangramiento, ni sed, ni hambre en este cuerpo, únicamente saciedad. Eres el túnel, relumbrante cuchillo mío, el túnel lluvioso del que no quisiera salir nunca…

(En el crepúsculo escuché:
¡Reetika! ¡Reetika! Estoy perplejo, y mi perplejidad es de acero. Perplejo, y mi perplejidad lleva un nombre parecido al tuyo. No te defraudaré, gacela mimada. Te cazaré, sorberé tu sangre y devoraré tu carne hasta fundirnos)

Cuchillo mío, también eres mano, la mano que posé sobre mi frente, sólo un instante. La mano helada del hombre a quien amo. Una mano que me acaricia y que procura poseerme. Pero no, no te pertenezco. Sabes bien que soy indefinible. Me entregas a mí misma y me llevas sin tenerme.

> *(En la noche escuché:*
> *¡Reetika! ¡Reetika! Soy tu veloz destino. Tu destino visitante. Tu destino seccionado. Tu destino paciente. Tu destino en vuelo. Tu destino cambiante. Tu destino espumeante. Tu destino persistente. Soy tu sagrado destino)*

La muerte es un poco como la vida, pienso y sonrío.
No soy más que un ruido sordo que se repite, pienso sin sonreír.
La hoja blanca reluce en mi mirada blanca, rosada, enrojecida.

> *(A medianoche, escuché al cuchillo, mientras te decía:*
> *¿Eres tú o soy yo, astuta Reetika?*
> *Somos más bien tú y yo. Siempre tú y yo)*

Mujeres, comprendo el odio que me tienen: mis cicatrices son los tatuajes más hermosos, mis caderas son redondas como una luna nueva, y
Tengo
La certeza
De que
Nunca
Voy
A
Envejecer.

El espejo de Nilgun

Nilgun Marmara es una poeta turca nacida en 1958. Se suicidó arrojándose desde la terraza de su casa, un martes, a la edad de veintinueve años. Cuando era pequeña leía con emoción las historietas de Superman. Al crecer, creyó en ellas.

La ventana siempre abierta

Ayer escribí mi testamento. Escribí que mis ojos no corresponderán a nadie. También escribí: he nacido vieja (*conté novecientas treinta y seis arrugas en mi esqueleto*). Nunca supe jugar con los niños del barrio, y siempre fui una carga inútil para mí misma. No soy digna del nombre que con tanto ahínco para mí escogió mi padre. Escribí: mi corazón es un tambor enloquecido que retumba por sí solo (*¡pum! ¡pum! ¡pum!*), a horas inusitadas. Mi corazón que retumba solo me despierta cada vez que le apetece, de miedo a que lo deje olvidado en mis sueños, como una madre que abandonara a su hijo en pleno núcleo de la muchedumbre y desapareciera…

En él, heredo a mi hija pequeña mi vestido de bodas (*completamente nuevo, incluso tiene el precio todavía*). Le ofrezco también un puñado de arena del desierto de mi alma, y mi muñeca Dona, a la que un día le arranqué la cabeza (*porque se resistía —como mi madre— a decirme que me amaba*). Le ofrezco el frío que resiento cada vez que salgo de mí misma para dirigirme a la gente.

Pero a nadie, a nadie legaré mis ojos:

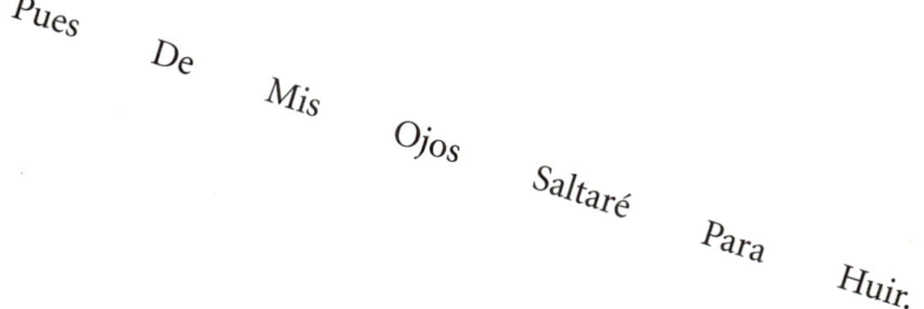

(He aquí la primera hipótesis, Nilgun: caerás en un prado encantado, cubierto de flores de todas las especies, de todas las formas, de todos los colores. Flores que hablan y caminan, pero que no se devoran entre ellas. Levantarán sus tallos y desplegarán sus pétalos al recibirte. Nada malo te sucederá. Te sumergirás en un gran lirio blanco al que llamarás mamá. Beberás su néctar con la emoción de quien retorna, pues al fin retornas a tu auténtico refugio)

Ahora escribo mi testamento. Escribo que mi boca no corresponderá a nadie. Escribo: esta cortina me sirve para espiar la calle, aunque la cortina sólo viva en mi imaginación (*mis máscaras son visibles hasta la médula*). Este engrudo sale de mi garganta (*lo adivinan: exactamente como de la boca de una araña*), aunque no sirva para pegar mis miembros cercenados (*voy a aprovechar la oportunidad para pegar mi maldita conciencia en la planta de mi pie infame y aniquilarla*).
En él, heredo a mi suegro mis dientes (*delante de mí se dispersaron, como fichas de dominó, en medio de la acera*); el cinturón con el que solía amenazarme cuando llegaba borracho a casa; y mi miedo, para que entienda la diferencia entre su cobardía y el miedo. Le ofrezco también mi odio (*el cabrón, el chismoso, el repugnante: haré de mi odio hacia él un timbre que recorra el mundo entero para que todos sepan cómo es él*).
Pero a nadie, a nadie legaré mi boca:

Pues De Mi Boca Saltaré Para Escaparme.

(He aquí la segunda hipótesis, Nilgun: caerás sobre una alfombra voladora, tejida con leyendas que nunca nadie te ha contado. La alfombra te llevará a países lejanos, donde todo el mundo te conoce: las mujeres te acogerán con barcas, los hombres te alzarán por encima de la algarabía, y los niños se precipitarán para poder tocar tu vestido. Hallarás tu corona, una corona que te dará la emoción de quien retorna, pues al fin retornas a tu auténtica morada)

Mañana escribiré mi testamento. Escribiré que mi cuello no corresponderá a nadie. Escribiré: mis senos no se los lego a nadie. Ni el ombligo, ni las rodillas. He engañado a todos los hombres con todos los hombres de la Tierra (*incluyendo sus mujeres*). Mucho me extravié en la Tierra para volver a ella en repetidas ocasiones. Cada vez que la observé, acudí a ella. Cada vez que acudí, me negué a dejarla. Caminé sobre suelo resbaladizo, del que no pude (*ni quise*) incorporarme.

En él, heredo a mi vecina del quinto piso mi único pañuelo, la colección de mis insultos privados y los patanes que me hostigaban en la calle (*con todo y sus miradas adheridas a mis nalgas*). Le ofrezco también un sorbo de pus de Año Nuevo, algunas palabras de amor tantas veces repetidas, y mi inútil libertad por la cual me han engañado (*la libertad es el forraje de los ingenuos: mastiquen, mastiquen, nada podrán sacarle*).

Pero a nadie, a nadie legaré mi cuello:

Pues De Mi Cuello Saltaré Para Huir.

(He aquí la última hipótesis, Nilgun: caerás en un pozo mágico, y el azul de su agua no será el reflejo del cielo. Las hadas del pozo te transportarán al fondo, donde han reunido para ti los últimos besos, los besos que nunca recibiste. En el fondo, también, un caballo jineteado por un matador parecido a aquel lejano muchacho que amaste, y que te habría seguido para hacerte feliz. Resplandecerás sobre el muchacho con la emoción de quien retorna, pues al fin retornas a tu auténtica morada)

De mis ojos saltaré. De mi boca. De mi seno derecho. De mi ombligo. De una piedra afilada incrustada en mi rodilla (*juro que nunca me arrodillaré en mi próxima vida*). Saltaré y rebotaré hacia las alturas igual que un yoyó (*la evasión dura más que quien evade, y el resorte invisible me serena. Para divertirse, Dios tira de él y me sacude*).

Una nube que se llama vida mía se aleja ahora. Frente a mí, el cielo se despeja. La visibilidad es cristalina, sin viento, sin propósito, sin llegada. Solamente el vacío. El delicioso y grácil vacío que libera a la espalda de las cuchilladas.
Ligera soy. Ligera como una insistencia anhelada. Como una timidez que no reprime su contrario. Como una iglesia sin creyentes.
Bravo por Newton y por todas las futilidades:
Me dejaré llevar
Por el viento.

III. ESPEJOS DE LAS FUGACES QUE SUEÑAN

Cada vez que una muerte acontece
Un creyente se doblega, un científico argumenta y un poeta se despierta

Interpretaciones de la muerte por ahogamiento

La interpretación religiosa:

Al principio, Dios creó a la poeta. La poeta se hizo barca. La barca se volvió diluvio.
Y dijo Dios: Que la poeta muera ahogada en el agua del diluvio.
Entonces la poeta pereció ahogada en el agua del diluvio.
Y Dios
Vio
Que
Aquello
Era
Bueno.

La interpretación científica:

Lugar: Las aguas de Mar del Plata
Fecha: Martes 25 de octubre de 1938, a las 23 hrs.
Nombre de la víctima: Alfonsina Storni
Nacionalidad: Argentina
Edad: 46 años

Informe del médico forense:

En cuanto su cara se sumergió en el agua, la velocidad de los latidos de su corazón se atenuó de forma progresiva. El flujo de la sangre en sus miembros decreció para que la reserva de oxígeno aumentara en los órganos vitales, principalmente el cerebro. La sangre fluyó hacia la caja torácica para impedir el deterioro de los pulmones. Después de varios minutos, los síntomas del pánico inconsciente aparecieron en sus facciones. Instintivamente trató de alcanzar aire. La temperatura del cuerpo descendió, y subió la presión del dióxido de carbono en las venas. El agua salada corrió hacia el interior de las vías respiratorias. Llenó el estomago antes de invadir los pulmones. Durante ese lapso, la ausencia de oxígeno en el cerebro provocó su desvanecimiento. El corazón se detuvo y las células del cerebro comenzaron a morir. Tras seis minutos sin oxígeno, el cerebro se apagó y ella expiró.

La interpretación poética:

Titanic

Mujer cubierta por un velo, cómo son profundos tus relámpagos en la arena
Cómo son vastos los finales sobre el rocío de la almohada.
Te veo anticipar tu mentira
Veo latir tu corazón en los ojos de un lobo anfibio y mudo
Que te carga en sus espaldas y baja la escalera de una vivienda desconocida.
Tropiezas sobre una gota de agua estancada
Y entonces dejas que tu cara flote tras de ti, mancha de aceite
Y te viertes en la alquimia de tu ausencia.

Interpretaciones de la muerte por sobredosis

La interpretación religiosa:

Al principio, Dios creó a la poeta. La poeta se hizo olvido. El olvido se hizo droga.
Y dijo Dios: Que la poeta muera por una inyección de droga.
Entonces la poeta se extinguió por una inyección de droga.
Y Dios
Vio
Que
Aquello
Era
Bueno.

La interpretación científica:

Lugar: Las planicies de la ciudad de Göteborg
Fecha: Jueves 24 de abril de 1941, a las 14 hrs.
Nombre de la víctima: Karin Boye
Nacionalidad: Sueca
Edad: 41 años

Informe del médico forense:

Cuando la aguja perforó la piel del brazo hasta la vena, y el contenido de la jeringa empezó a diseminarse en la sangre, sintió cómo de súbito su cuerpo se evaporaba, las extremidades en primer lugar. Comenzó a flotar, luego dejó de reaccionar a su entorno y a las señales exteriores. La mortal dosis de droga lesionó su cerebro lentamente, sobre todo la zona que rige la respiración. Pero en vez de sofocarse, de amedrentarse por la falta de aire, experimentó un enorme vértigo y poco a poco su cuerpo olvidó la necesidad de respirar para mantenerse viva. Unos líquidos chorrearon de su boca, formando burbujas. Las pupilas se estancaron. Su pulso se hizo lento y descendió la temperatura de su cuerpo. Después, como deslizándose, cayó en coma y expiró.

La interpretación poética:

Sobredosis

Eran tres hijas del infierno. Tres hechiceras llegadas a ti de improviso. Dijeron que una luz fosforescente les había indicado el escondite. Vieron tu estrella y se pusieron en marcha. Vinieron y te encontraron. Te encontraron y se postraron. Se postraron y te ofrecieron mirra, incienso y el corazón de una leona que habían obtenido, arrancándoselo, durante el camino. Las hijas del infierno se sentaron a tu lado para preparar el sílex. Tendieron una trampa y cayeron dentro. Eres tú la que comanda la aguja y quien custodia la vid negra. El ojo magnético de la impericia y la ley del entorpecimiento. Las hijas del infierno te tomaron por un ardid, por el deseo de darse un piquete. Y tú las tomas, con el desmayo del abrazo, antes de caer desmoronada.

Interpretaciones de la muerte por disparo de bala

La interpretación religiosa:

Al principio, Dios creó a la poeta. La poeta se volvió la presa. La presa se hizo bala.
Y dijo Dios: Que la poeta muera por un disparo de bala. Entonces la poeta sucumbió por una bala.
Y Dios
Vio
Que
Aquello
Era
Bueno.

La interpretación científica:

Lugar: El apartamento de la víctima, en Río de Janeiro
Fecha: Sábado 29 de octubre de 1983, a las 13:23 hrs.
Nombre de la víctima: Ana Cristina Cesar
Nacionalidad: Brasileña
Edad: 31 años

INFORME DEL MÉDICO FORENSE:

Ella misma cargó la escopeta con balas calibre 12mm. Colocó el dedo en el gatillo tras haberse cerciorado de que el arma estaba lista. La acomodó en el suelo, contra la pared de su habitación, y se arrodilló frente a ella. Introdujo la boca de la escopeta en la suya, en lugar de girar la cabeza para asegurarse de que la bala traspasara su cerebro. Oponer la sien no implica una muerte segura, pues la bala podría golpear un hueso y rebotar hacia atrás, tal como había leído en el manual policíaco que se encontró tirado a poca distancia. También evitó poner la escopeta en vertical para que la bala no le arrancara solamente los ojos, lo cual la habría dejado ciega en lugar de matarla. Apenas presionó el gatillo, la mayor parte de su cerebro se calcinó de inmediato. Algunos trozos de éste salieron volando a través de dos agujeros hechos en el cráneo: manaron hacia el exterior por delante (a la altura de la frente) y por detrás (en la parte superior de la cabeza). Su cuerpo se desplomó de espaldas, inerte.

La interpretación poética:

Campo de tiro

Tómate tu tiempo, cazadora intrépida,
Calma, no te presiones.
Limpia con aceite tu escopeta, tranquilamente,
Y amásala con los sueños de tus manos.
Deja que la tierra dé vueltas
Vueltas cada vez más raudas.
Primero deja que el destello sorprenda a la soledad:
Eres un ave de alas cerradas con cerrojo,
Ten paciencia
Traza un círculo
Y apacigua luego, con el elixir de la bala,
La arena de tu pecho.

Interpretaciones de la muerte por somníferos

La interpretación religiosa:

Al principio, Dios creó a la poeta. La poeta se volvió sueño. El sueño se volvió somnífero.
Y dijo Dios: Que la poeta muera tragando somníferos. Entonces la poeta murió ingiriendo sus somníferos.
Y Dios
Vio
Que
Aquello
Era
Bueno.

La interpretación científica:

Lugar: El apartamento de la víctima, en Copenhague
Fecha: Domingo 7 de marzo de 1976, a las 22:05 hrs.
Nombre de la víctima: Tove Ditlevsen
Nacionalidad: Danesa
Edad: 57 años

Informe del médico forense:

Poco después de haber ingerido las píldoras su organismo quedó paralizado, empezando por el cerebro. Cayó en un estado de aturdimiento y, lentamente, se deslizó del aturdimiento a una semiinconsciencia parcial, luego a una insuficiencia respiratoria y enseguida a un coma definitivo. Durante el coma estuvo respirando de forma estridente. Debido al efecto de las píldoras su hígado se deterioró por completo y dejó de funcionar. Su piel se puso amarilla y vomitó sangre sin haber vuelto en sí. El sistema respiratorio se colapsó. Su corazón se detuvo y ella expiró.

La interpretación poética:

Lexotamil

Ninguna almohada
    Ninguna almohada sino una almohada de espinas.
Ningún colchón
    Ningún colchón sino un colchón de fragmentos de vidrio
[roto.
Ninguna frazada
    Ninguna frazada sino aquella de barrotes de metal.
Tu cráneo es tu cama, tú que ahora duermes:
En sus orificios bostezan y deliran los murciélagos
En su parte posterior, croan y acechan las ranas
Riendo en silencio
Tocando una sonata sobre los resortes de tu cabeza destrozada.

Interpretaciones de la muerte por ahorcamiento

La interpretación religiosa:

Al principio, Dios creó a la poeta. La poeta se hizo caída. La caída se volvió soga.

Y dijo Dios: Que la poeta muera colgada de una soga. Entonces la poeta murió colgada de una soga.

Y Dios
Vio
Que
Aquello
Era
Bueno.

La interpretación científica:

Lugar: El apartamento de la víctima, en Yelábuga
Fecha: Domingo 31 de agosto de 1941, a las 5:06 hrs.
Nombre de la víctima: Marina Tsvietáieva
Nacionalidad: Rusa
Edad: 49 años

INFORME DEL MÉDICO FORENSE:

Se subió a una silla de madera. Enganchó la cuerda en una viga del plafón y anudó con fuerza uno de sus extremos en la parte posterior de su cabeza y no a un lado de ésta (con el fin de asegurar su muerte). Le dio una patada a la silla para enviarla tan lejos como pudo y su cuerpo ondeó en el vacío. Al principio su cara enrojeció, luego se tornó azul por la falta de oxígeno en la sangre. Se desvaneció, pues la sangre había dejado de circular en sus venas. Al mismo tiempo, el vaivén del cuerpo quebró las vértebras cervicales. Se sofocó y los miembros se pusieron rígidos. Se hinchó su lengua y, negra por completo, se asomó por la boca. Estallaron las delgadas venas de sus ojos y su rostro. Su vejiga se relajó y la orina resbaló por sus muslos hasta el suelo. Tres minutos después de la muerte del cerebro, su corazón se detuvo y ella murió.

La interpretación poética:

Circo

Contagiosa es la risa
La oscuridad
La muerte,
Eso dices, acróbata gloriosa.

Domando tigres por el día
Bailando sobre cuerdas por la noche
Descubres que la ida y la vuelta son la misma cosa.
El viaje se realiza de arriba hacia abajo
Y tu cuello
Cuando la hora arribe
Responderá al llamado.

Interpretaciones de la muerte bajo un tren

La interpretación religiosa:

Al principio, Dios creó a la poeta. La poeta se hizo viaje. El viaje se hizo tren.
Y dijo Dios: Que la poeta muera aplastada por un tren. Entonces la poeta murió aplastada por un tren.
Y Dios
Vio
Que
Aquello
Era
Bueno.

La interpretación cientifica:

Lugar: Alrededores de la estación central de Matosinhos
Fecha: Lunes 8 de diciembre de 1930, a las 21:17 hrs.
Nombre de la víctima: Florbela Espanca
Nacionalidad: Portuguesa
Edad: 36 años

INFORME DEL MÉDICO FORENSE:

Escogió la noche para no ser vista ni ver a nadie. Quizá por la misma razón se puso un vestido de color sombrío. Poco antes de las 21 hrs. salió de casa para ir al encuentro del tren previsto. Evitó esperar dentro de la estación, pues allí el tren disminuye su marcha, por lo que, de alguna manera, podía ser salvada. Llevó consigo el horario de los trenes (las hojas fueron halladas dispersas cerca de la victima). Al escuchar el silbato del tren a lo lejos, justo 30 segundos antes de su entrada a la estación, se lanzó a los rieles. El tren corría a 60 o 75 km/h. El conductor la vio en el último instante y activó los frenos, sin lograr detener el tren a tiempo. El cuerpo se partió en dos a la altura del talle. Y ella murió.

La interpretación poética:

Visado

Una de ellas dio la vuelta a los paneles de señalización
Cambió la ubicación de las ciudades en el mapa
Alteró el horario de los trenes y de las paradas
Perturbó la serenidad de los raíles.

Una de ellas se negó a viajar en tercera clase
En segunda
En primera
Y prefirió quedarse en la estación.

Una de ellas eres tú
Llegó caminando, antes de tiempo
Con retraso.
El policía escribió en su informe:
«Es una mujer flaca
Que hizo dos recorridos en el tren
De forma clandestina
Para
No
Pagar
El importe
Del billete».

Interpretaciones de la muerte por electrocución

La interpretación religiosa:

Al principio, Dios creó a la poeta. La poeta se hizo pecado. El pecado se volvió electricidad.
Y dijo Dios: Que la poeta muera electrocutada. Entonces la poeta murió electrocutada.
Y Dios
Vio
Que
Aquello
Era
Bueno.

La interpretación científica:

Lugar: El cuarto de baño de la víctima, en Roma
Fecha: Domingo 11 de febrero de 1996, a las 11 hrs.
Nombre de la víctima: Amelia Rosselli
Nacionalidad: Italiana
Edad: 66 años

Informe del médico forense:

Conectó la secadora de pelo al enchufe que está a la izquierda de la lavadora. Llenó la bañera y se sumergió en el agua sin quitarse la ropa. Estiró la mano y tomó la secadora con la punta de los dedos. La encendió y la dejó caer dentro de la bañera. La corriente eléctrica la fulminó al instante. Los músculos de su corazón palpitaron y su cuerpo se quedó tieso. Con el interior considerablemente quemado, sufrió un desmayo y su cara se ennegreció. El sistema nervioso dejó de controlar los miembros de su cuerpo. Las células del corazón empezaron a deteriorarse, luego se paralizaron los músculos, y ella pereció.

La interpretación poética:

Electrón

Tú, cuya sangre es electrocutada por las pústulas del tiempo,
Dejas ciegos a los cables
Y abres el apetito
De la corriente.
Tú, mujer habitada por el último temblor
Cuya alma se frota a la luz original,
Embargas del destello el espejismo
Para mirarte del lado del embrujo:
Tu mitad es fuego en la pupila
Tu otra mitad es círculo cerrado
Y en los meteoritos
Vigila tu mitad tercera.

Las interpretaciones de la muerte por asfixia

La interpretación religiosa:

Al principio, Dios creó a la poeta. La poeta se hizo pulmón. El pulmón se volvió gas.

Y dijo Dios: Que la poeta muera asfixiada por el gas. Entonces la poeta murió asfixiada por el gas.

Y Dios
Vio
Que
Aquello
Era
Bueno.

La interpretación científica:

Lugar: La cocina de la víctima, en Londres
Fecha: Lunes 11 de febrero de 1963, a las 7:07 hrs.
Nombre de la víctima: Sylvia Plath
Nacionalidad: Estadounidense
Edad: 31 años

Informe del médico forense:

Cerró las ventanas de la cocina antes de abrir la llave del gas. En cuanto el gas penetró en las vías respiratorias, fue presa de mareos y cayó en un estado de aturdimiento. Sintió fuertes ganas de dormir, acompañadas de náusea y de un dolor de cabeza intenso. El óxido de carbono se mezcló con la hemoglobina e impidió la distribución del oxígeno en los órganos, entre ellos el cerebro. Debido a la asfixia, su cara y sus labios palidecieron. En 45 segundos perdió el conocimiento. Cinco segundos después su cerebro deteriorado dejó de funcionar y ella murió.

La interpretación poética:

Cenicienta

Saludo la mecha rubia de tus cabellos.
Saludo tu voz desmigada como pan.
Saludo las semillas esparcidas de tu alma.
Tan pequeña, y luchas con los toros;
Tan frágil, y arrancas la piel de las serpientes;
Tan débil, y chupas la sangre de los monstruos;
Tan delgada, y mueves las lápidas mortuorias:
Eres guerrera descalza y sin armas,
Ningún calzado lleva a ti
Ninguna medianoche
Como un pretexto
Para que huelas tu suerte infortunada.

Interpretaciones de la muerte por envenenamiento

La interpretación religiosa:

Al principio, Dios creó a la poeta. La poeta se hizo pan. El pan se volvió veneno.
Y dijo Dios: Que la poeta muera ingiriendo veneno. Entonces la poeta murió ingiriendo veneno.
Y Dios
Vio
Que
Aquello
Era
Bueno.

La interpretación científica:

Lugar: Un cuarto de hotel en la calle Dauphine de París
Fecha: Domingo 23 de julio de 1978, a medianoche
Nombre de la víctima: Danielle Collobert
Nacionalidad: Francesa
Edad: 38 años

INFORME DEL MÉDICO FORENSE:

Al ingerir el veneno tuvo náuseas y perdió la capacidad de reacción. De un momento a otro su cuerpo empezó a sacudirse de forma involuntaria. Su estómago fue asediado por fuertes contracciones al tiempo que sus pupilas se dilataban y su vista se nublaba. Los latidos de su corazón se aceleraron y su tensión aumentó. Se paralizó su sistema nervioso y sufrió un edema pulmonar e insuficiencia renal. Entró en coma y se puso a respirar estrepitosamente. Un cuarto de hora más tarde, el corazón se detuvo y ella murió.

La interpretación poética:

Pantalla de lámpara

Al levantar la mano para devolver a su sitio aquella mecha rezagada a la altura de tus cejas, viste de manera furtiva a un muchacho observándote desde la ventana de su cuarto en el edificio de enfrente. No intentó ocultarse, ni trató de simular estar viendo hacia otro lado. Se quedó de pie ahí, detrás del vidrio, escrutándote con la insolencia de una esfinge. Quería que supieras que te estaba mirando. Quería que le compartieras tu intimidad por voluntad propia. «No me has llamado al orden», decían sus ojos. «Soy yo quien te ha obsequiado el regalo de mi hambre.» La escena del muchacho te excitó, sobre todo su complicidad en aquel mutuo espionaje.

Ahora retiren a ese amable hijo de puta: tú, visión de Narciso, has partido, y el vidente ya no puede soportar que hayas renunciado a sus miradas.

Interpretaciones de la muerte por el fuego

La interpretación religiosa:

Al principio, Dios creó a la poeta. La poeta se hizo mariposa. La mariposa se hizo fuego.
Y dijo Dios: Que la poeta muera por el fuego. Entonces la poeta sucumbió ante el fuego.
Y Dios
Vio
Que
Aquello
Era
Bueno.

La interpretación científica:

Lugar: El apartamento de la víctima, en Roma
Fecha: Miércoles 17 de octubre de 1973, a las 17:31 hrs.
Nombre de la víctima: Ingeborg Bachmann
Nacionalidad: Austriaca
Edad: 47 años

INFORME DEL MÉDICO FORENSE:

Se roció el cuerpo y la ropa con petróleo y encendió una cerilla. La muerte llegó muy lentamente. Al inicio, la piel se quemó poco a poco hasta calcinarse, luego fue el turno de los músculos y de los huesos. El humo invadió los pulmones. Un líquido púrpura brotó de sus llagas, mas había perdido ya cualquier sensación de dolor, pues las terminaciones nerviosas también estaban quemadas. Una parte del plasma se evaporó de su cuerpo. Sufrió una crisis cardiaca y murió.

La interpretación poética:

Mosaico

Te incendias, brasa, sin revelar tus pensamientos. Sabes todo y, por instinto, nada se te escapa. Llenas la casa de incienso perfumado y preparas tu cuerpo para el festín. Sabes que eres la etérea aturdida y la llama del final. Conoces los cajones, los armarios, las alfombras. Pero saber no es suficiente para esconder el polvo y los escándalos a los ojos indiscretos. Incluso comprendes a la mariposa que conoce tu secreto, tu gran secreto de siete colores ataviado.
«¡Silencio!», le dices, brasa, a la mariposa.
«No me callaré, y voy a denunciarte», responde con celos la mariposa.
Y, en alguna parte del mundo, un sueño acaba de extinguirse.

Interpretaciones de la muerte por cuchillo

La interpretación religiosa:

Al principio, Dios creó a la poeta. La poeta se hizo viento. El viento se volvió cuchillo.
Y dijo Dios: Que la poeta muera degollada por un cuchillo. Y la poeta murió degollada por un cuchillo.
Y Dios
Vio
Que
Aquello
Era
Bueno.

La interpretación científica:

Lugar: El apartamento de un amigo de la víctima, en Washington
Fecha: Jueves 17 de julio de 2003, a las 11:00 hrs.
Nombre de la víctima: Reetika Vazirani
Nacionalidad: India
Edad: 40 años

Informe del médico forense:

Se sentó en el piso embaldosado de la cocina y apoyó la espalda contra una pata de la mesa. Apretó el puño para hacer saltar sus venas. Las cortó una vez, pero la herida no tuvo la profundidad suficiente. Al cortarlas por segunda vez, la sangre brotó de inmediato y comenzó a derramarse, extendiéndose por el suelo. Los latidos del corazón se aceleraron en un último intento por bombear sangre y subsanar la pérdida. Tuvo un mareo y toda la superficie de su piel se tornó amarilla. Le vino una urgente necesidad de beber, junto con un pánico delirante y una sensación de frío. Los riñones dejaron de funcionar a causa de la prolongada hemorragia, y enseguida hubo daños en el cerebro. Dos horas después, entró en coma y murió.

La interpretación poética:

Pandora

Muñeca dentro de una muñeca en el interior de una muñeca. Y nadie que abra la caja. Nadie, sino acaso para mirar por el agujero de la cerradura. En el interior, demonios y turbulencia. Ella patalea, con sus pezuñas araña la madera, intenta arrancar la cerradura. Es en vano. Golpea el fondo de la caja con sus pies de insomne. «¡Abran, cabrones!», grita. Pero nadie responde. Sus demonios se vuelven contra ella, la devoran, la hacen trizas.
Muñeca encarcelada dentro de su propia muñeca, y la palabra secreta —ella la descubrirá demasiado tarde— es una gota de sangre.

Interpretaciones de la muerte por un salto al vacío

La interpretación religiosa:

Al principio, Dios creó a la poeta. La poeta se hizo nostalgia. La nostalgia se volvió vacío.
Y dijo Dios: Que la poeta muera lanzándose al vacío. Entonces la poeta murió lanzándose al vacío.
Y Dios
Vio
Que
Aquello
Era
Bueno.

La interpretación científica:

Lugar: El balcón del apartamento de la víctima, en Estambul
Fecha: Martes 13 de octubre de 1987, a las 8:56 hrs.
Nombre de la víctima: Nilgun Marmara
Nacionalidad: Turca
Edad: 29 años

INFORME DEL MÉDICO FORENSE:

Salió al balcón. Trepó por la baranda y se lanzó del sexto piso. En segundos, golpeó el asfalto y su cráneo se rompió inmediatamente, al igual que su cadera y sus extremidades. Los huesos se pulverizaron. Su cerebro se escurrió del cráneo. La sangre salpicó de todos los poros de su cuerpo y murió

La interpretación poética:

Paracaídas

Superman duerme a su lado, en la misma cama. Él escucha el tictac de su bomba de reloj escondida bajo la almohada, y, como ella, contempla la mancha de humedad que va creciendo en el techo. Ella crece y se convierte en una deliciosa granada, luego en isla tropical dentro del sueño de una esposa inactiva, luego en ballena que se agita en un vaso de agua, luego en una rechoncha cantante de ópera que hace vibrar las columnas del tiempo con su voz. Ella crece y crece hasta ocupar todo el techo y todas las paredes de la habitación, todas las habitaciones del apartamento, los apartamentos del edificio, los edificios de la calle, las calles de la ciudad, las ciudades del país, los países del continente, los continentes del planeta, los planetas de la galaxia… sin final.

El verano de Estambul es ardiente, muy ardiente. La bomba hace tictac, Superman transpira de tanto calor, se levanta y jala suavemente del vestido a la morena impetuosa, susurrándole: «Ven. En el balcón estaremos más frescos».

Canto del sepulturero

(Como una puerta provisional, el ataúd se cierra,
y la voz del cadáver disminuye de forma paulatina)

La muerte no es suficiente
Para decir que ya estoy muerto.
Para morir en realidad,
Habré de vivir de nuevo.
Sí, habré de vivir otra vez
Para que mi muerte se complete en mí.
¿Qué otra cosa es la muerte
Sino una vida que se ausenta del espejo?
No derramen más lágrimas, mujeres
Abandonen su vestido negro y olviden el duelo:
No me entierran por enterrarme
Sólo estoy para vivir.

Final falso

Al cadáver que alguna vez seré

La vida se acaba aquí. Aquí comienza. Da igual que estés bajo tierra o dentro del útero. ¿Tu mano vacila sobre la aldaba de la puerta? ¿No sabe si debe entrar o salir? Gira la aldaba y muévete, triste monstruo: no habrá ningún eco. Ningún retorno. Nadie para ver el color de tu secreto. Déjate llevar, serénate.
Blanco ensueño en un sueño blanco,
Candorosa en serio, y criminal en serio,
Todo lo que has asido,
Todo aquello de lo que has huido,
No fue más que arena entre los dedos.
Y ahora, ningún miedo, ¿a qué le temes entonces?
Ve del otro lado, y escribe en el espejo con el vaho condensado de tu aliento:
«Mi muerte no es mi última palabra».
Grita a aquellos que te llaman: «¡No, yo no estoy muerta!
Nada más me niego a responder».
Cuánta frivolidad, bromista frágil,
Tú, la encubierta por un ímpetu que no es tuyo (aunque así lo creas):
No has dejado de inclinarte hacia el fondo del pozo
(Buscando tu rostro verdadero sobre el agua)
Hasta que
Al fin
Hayas
Caído.

ÍNDICE